HONORÉ ...

ET LE

PALAIS DE MONACO

MONACO

IMPRIMERIE DU JOURNAL DE MONACO

14 — Rue de Lorraine — 14

—

1885

offert par l'auteur
à la Bibliothèque nationale

Gustave Saige

HONORÉ II

ET LE PALAIS DE MONACO

D'après une peinture conservée au Palais de Monaco. — (Voyez page 53.)

HONORÉ II

ET LE

PALAIS DE MONACO

MONACO

IMPRIMERIE DU JOURNAL DE MONACO

14 — Rue de Lorraine — 14

—

1883

HONORÉ II

ET LE PALAIS DE MONACO

E Prince Honoré II occupe dans l'histoire de la Maison de Monaco une place à part; mais les événements politiques de son règne ont presque exclusivement attiré l'attention des historiens. Les efforts heureux qu'il fit pour s'entourer de l'éclat des arts n'ont pas été suffisamment mis en relief. C'est ce qu'on se proposerait de rappeler dans ces quelques pages.

Né à l'époque où, par suite des dissensions religieuses et des guerres civiles qui ensanglantaient la France, la puissance espagnole exerçait dans toute la Méditerranée une domination effective ; privé dès l'âge le plus tendre d'un père qui, si l'on juge d'après la valeur des correspondances qui ont été conservées (1), eût fini par conquérir une place prépondérante dans la rivière de Gênes, Honoré II se trouva remis à la garde d'alliés de sa famille qui ne comprenaient pas les intérêts de leur neveu séparés de ceux de la grande monarchie dont ils étaient eux-mêmes les sujets et les grands dignitaires.

Nous ne reviendrons pas ici sur les liens qui, depuis près d'un siècle, avaient enchaîné les Grimaldi aux destinées et à la fortune de la puissance austro-espagnole, ni sur le traité par lequel le tuteur d'Honoré II aggrava encore le poids du joug castillan ; nous rappellerons seulement que ce joug était fort pesant et parut bientôt assez contraire à son honneur et à ses intérêts pour qu'Honoré II ait cherché à le secouer aussitôt que la puissance maritime renaissante de la France dans la Méditerranée lui eut permis d'espérer de la part du Roi Très Chrétien un appui efficace.

Le coup d'audace par lequel, en une seule nuit, il transforma la situation de sa dynastie et assura à son pays les conditions d'une indépen-

(1) Cette correspondance existe au Palais de Monaco. — Archives, série C.

dance depuis respectée, a placé Honoré II au premier rang parmi les princes d'une Famille qui compte dans chaque siècle d'illustres représentants. Mais, si la situation brillante dans laquelle les historiens nous montrent la cour de Monaco après le traité de Péronne, est relativement connue, il ne faudrait pas croire que la chute du protectorat espagnol ait été la cause de cet état de splendeur et de prospérité. Cet état est au contraire de beaucoup antérieur ; il est l'œuvre personnelle d'Honoré II, et le résultat d'efforts et de soins qui datent des premiers temps où il put gouverner par lui-même.

Assez de documents existent sur cette remarquable époque, qui continuait à Monaco les temps brillants de la renaissance italienne, pour donner lieu à une étude historique d'un certain attrait. Dans le cadre restreint où nous confinent les limites d'une courte notice, nous voudrions montrer l'intérêt qu'offrirait la rédaction des annales de ce règne. En nous bornant à grouper ici quelques faits disséminés, en rapportant les cérémonies et les fêtes dans lesquelles se résumait surtout alors l'histoire des cours, nous espérons montrer Honoré II tel qu'il fut : un prince magnifique, ami éclairé des arts, autant que souverain capable des plus mâles résolutions.

I

Honoré II était né avec le siècle ; il avait vingt-cinq ans lorsqu'en 1625 il épousa Hippolyte Trivulce. Un séjour prolongé à Milan, où il avait été en partie élevé, fut la cause de cette alliance avec une des plus illustres familles du Milanais.

L'exemple des somptueuses demeures dont Milan était alors rempli dut contribuer à engager Honoré II à continuer l'œuvre de décoration et d'embellissement commencé au siècle précédent par son grand-père et son bisaïeul dans le Palais de Monaco. Les travaux furent entrepris de bonne heure, car si les inscriptions qu'il fit placer pour rappeler le souvenir de ces travaux portent la date de 1632, déjà, plusieurs années auparavant, le souverain de Monaco était en état de recevoir, avec tout le déploiement du luxe et de la magnificence, les visites princières dont la trace nous a été conservée par des relations contemporaines.

Ces relations ont, en ce qui concerne l'histoire du Palais, une si grande importance que nous comptons en faire la source principale des renseignements d'où sortira cette étude.

Les premiers personnages illustres dont la visite mérite de fixer l'attention furent l'archiduc Charles d'Autriche et le duc de Saxe (1) qui débarquèrent à un jour d'intervalle les 25 et 26 octobre 1624 (2).

L'Archiduc arriva en vue de Monaco, le 25 octobre, avec quatre galères. Le Prince alla au devant de lui jusqu'à la hauteur de Bordighera dans son brigantin dont la poupe était ornée de velours cramoisi ; le navire était pavoisé et orné de banderolles aux armes des Grimaldi. Honoré II, accompagné d'une suite nombreuse, était vêtu de noir, en costume d'apparat.

Arrivés au port, l'Archiduc et le Prince mirent pied à terre et montèrent aussitôt au Palais.

(1) Charles archiduc d'Autriche, frère de Ferdinand II, évêque de Breslau, mort en 1625. — Jean Georges duc de Saxe, mort en 1656.

(2) Archives de Monaco, série A. ancien tiroir n° 28. — Relation envoyée par ordre du Prince à son beau-père le prince Trivulzio et rédigée par Hercule Sigaldi, qui fut à cette même époque gouverneur du marquisat de Campagna, seigneurie appartenant à Honoré II dans le Napolitain.

L'hôte d'Honoré II fut logé dans le *quartier neuf* déjà réuni au *vieux quartier*, en sorte que ces deux appartements n'en faisaient plus qu'un seul, somptueusement décoré. L'Archiduc admira en particulier la galerie qui se trouve entre les deux appartements (1), et qu'on avait ornée de tentures de velours du plus bel aspect.

Chaque chambre avait son baldaquin, et dans toutes les pièces, l'air était embaumé par des eaux de senteur, en outre des cassolettes d'argent d'où s'exhalaient les parfums les plus suaves.

A l'entrée de l'Archiduc, les soldats firent retentir l'air de décharges de mousqueterie dont le fracas fut encore augmenté, dit le narrateur, par le roulement de l'écho sous les voûtes de la grande citerne.

Le lendemain, le duc de Saxe, arrivé à son

(1) Cette galerie, dont il sera question dans toutes les relations, occupait l'emplacement actuel du vestibule d'entrée au bout de la galerie d'Hercule, du côté de la chapelle. *Le nouveau quartier* comprenait donc la grande aile sur la terrasse du jardin. — *Le vieux quartier* devait se composer de l'aile du fond de la cour d'honneur où fut, en 1656, érigée la nouvelle chapelle Saint-Jean, et de la grande aile en retour, au bout de laquelle s'ouvrait la porte ancienne du Palais, aile décorée de la fresque de Cambiaso.

tour, fut traité avec des honneurs semblables. Après dîner, il fut conduit à son appartement, superbement garni de tapisseries, appartement qu'on nommait l'*Ercoleo*. Les gentilshommes de sa suite furent logés dans un autre appartement, nommé le quartier *del signor Stefano*, probablement en souvenir d'Etienne Grimaldi, oncle d'Honoré Ier, à qui on doit la construction de la grande citerne.

Il paraît que la visite de l'Archiduc fut la première de cette importance que reçut Honoré II. La livrée avait été faite exprès pour cette réception. Elle était de drap d'Espagne avec gippons (*gipponi*) de satin. Les gardes avaient des épées dorées, et les pages des chaînes d'or.

Le Prince avait fait faire beaucoup d'argenterie à cette occasion (entre autres deux vases et deux *orinali* d'argent pour le service de Son Altesse), le tout d'une valeur d'environ dix mille écus. Parmi les pièces principales, la relation cite un banc en argent massif, une grande aiguière et une conque d'argent, la plus grande et la plus belle qu'on ait faite à Gênes ; citons encore une nombreuse vaisselle, toute la *bouteillerie*, d'autres conques d'argent, etc.

On remarquera que, dans la minutieuse description que nous venons d'analyser, il n'est pas question de tableaux ; Honoré II avait cependant réuni une collection considérable qui, quelques années après, faisait l'admiration des voyageurs. Il achetait avec empressement les belles toiles qu'il pouvait se procurer. C'est ainsi que nous avons la trace de l'acquisition qu'il fit, le 10 juin 1627, d'une descente de croix de Saint-André, par Procaccini, de 10 pieds de haut, sur 6 de large, qu'il paya trois cents écus d'or.

De 1624 à 1630, nous n'avons plus de traces d'événements qui fassent éclater la magnificence du Prince de Monaco. Un voyage royal devait marquer l'été de cette dernière année.

Marie Anne, sœur de Philippe IV, roi d'Espagne, et d'Anne d'Autriche, reine de France, venait d'être mariée à Madrid, par procuration, à Ferdinand, roi de Hongrie, qui fut empereur d'Allemagne en 1637 sous le nom de Ferdinand III. Accompagnée d'une suite considérable, composée de l'élite du clergé et de la noblesse espagnole, elle gagna les Etats d'Autriche en passant par Gênes. D'avance il avait été décidé que la jeune reine ferait un séjour au Palais de Monaco, et Honoré II avait fait les plus somptueux préparatifs pour cette illustre visite. Averti du départ de la reine qui devait quitter Barcelone le 10 ou le 12 juin 1630, il avait fait disposer sur les montagnes environnantes des vedettes pour en signaler l'arrivée. Deux jours avant l'entrée dans le port, les galères furent annoncées à soixante milles en mer ; mais le mauvais temps retarda l'arrivée de l'escadre qui se trouva dans les eaux de Monaco seulement le jeudi 17 à la nuit (1).

Le Prince avait préparé un spectacle véritablement fait pour exciter l'admiration de la royale visiteuse. Dès que la flotille commença à cotoyer le rocher que domine la ville, il fit allumer des feux sur tout le développement des remparts en signe de réjouissance. A ces feux succédèrent bientôt des pièces d'artifice et une illumination générale ; en sorte que la reine put, de sa galère, jouir de la perspective de la ville illuminée *a giorno*.

Aussitôt qu'il eut été avisé de l'arrivée de la flotille, Honoré II, en costume noir de gala, accompagné des officiers de sa maison vêtus d'habits magnifiques, et de ses pages qui éclairaient le cortège avec des torches, se rendit sur son brigantin à la galère royale, où il fut reçu

(1) Archives de Monaco. Série A, ancien tiroir n° 58.

par le duc d'Albe, chargé du commandement de l'escadre ; il y salua la reine, puis, vu l'heure avancée, il revint au Palais.

Au matin, les quatre cardinaux qui accompagnaient la reine, accompagnés de quantité de grands seigneurs, montèrent sans escorte pour aller célébrer la messe. Le Prince sortit au devant d'eux et les accompagna jusqu'à l'église.

Pendant qu'Honoré II était ainsi absent du Palais, un gentilhomme, envoyé par la reine, s'y présentait pour porter les compliments de sa souveraine ; ce fut le jeune marquis de Campagna, Hercule, le futur héros de la nuit du 17 novembre 1641, qui reçut l'envoyé ; il n'avait que sept ans, et la façon dont il répondit aux compliments émerveilla l'assistance.

La reine s'excusait de ne pas descendre ; les retards apportés par le mauvais temps, la nécessité de débarquer au plus tôt à Gênes, et surtout l'extrême fatigue d'une traversée laborieuse l'obligeaient à repartir le soir même. Cependant sa suite, et en particulier le duc d'Albe, purent visiter, avant de se réembarquer, les préparatifs magnifiques qu'Honoré II avait faits pour recevoir la sœur du roi d'Espagne.

Les nobles visiteurs purent ainsi admirer, outre la grande salle ornée de tableaux remar-

quables des plus grands maîtres et somptueusement décorée, huit chambres tendues de tapisseries, dont quatre d'enfilade, particulièrement
riches, avec des baldaquins d'un travail admirable. Dans la dernière chambre se trouvait un
lit superbe, un lit de repos décoré de bas-reliefs
sculptés et une toilette garnie de vases en argent
remplis de parfums et de fleurs.

Ils virent aussi une superbe galerie toute
remplie de tableaux du plus grand prix, œuvres
originales de peintres illustres, meublée de
douze bureaux (*scrittoji*) d'ébène rehaussé d'argent, avec leurs douze escabeaux recouverts de
velours cramoisi brodé d'or, et deux lustres
d'argent massif suspendus à la voûte. Dans l'an-
tichambre avaient été exposées sur des crédences
la vaisselle et la *bouteillerie*. Il y avait là deux
services complets, l'un en vermeil, l'autre en
argent et une multitude de pièces ciselées de la
plus grande richesse. Le duc d'Albe fut surtout
frappé de la variété et du volume des pièces,
parmi lesquelles étaient plusieurs conques et
aiguières également d'argent.

Ce texte est si important pour l'histoire de la
décoration du Palais de Monaco, que nous
croyons devoir le donner *in extenso* dans sa
version originale italienne :

« Domandò (il Duca d'Alva) con particolare curiosità di veder il Quarto apparecchiato per Sua Maestà. Erano questi, oltre la sala posta tutta di bellissimi quadri che erano riguardevoli assai, et per la bontà del pennello, e per i capricci dei pittori, et per le ricche cornici, otto camere grandi tutte superbamente tapezzate e ornate, e fra queste, quattro in diretta prospettiva superiori di ricchezza all'altre con quattro baldacchini di singolar belleza e lavoro, ed una solitaria seggia per ciascheduno, alloggiando nell'ultima camera un superbissimo letto con altra cochietta di riposo per Sua Maestà, figurata tutta mirabilmente di basso rilievo, restando ornate le camere da bellissimi buffettini e perfumere, e vari ben grandi vasi di argento ripieni tutti di odoratissimi profumi e fiori; erano poi questi per maggior aria e vaghezza tramezzati d'una galleria posta tutta di squisiti quadri originali di valentuomini con dodici ricchi scrittoji d'ebano ed argento, ed altrettanti scabelli ricoperti di velluto carmesino girati tutti di ricco gallone d'oro, ed in aria sospese due grosse palle e lumiere d'argento. Godè sprammodo il Sig. Duca della politezza delli originali e della ricchezza dell'apparati maggior assai di quello si poteva pensare, e che però n'avrebbe distintamente ragguagliata Sua Maestà. Nell'uscir poi si abbattè nella credenza e bottiglieria che stava apparata nella galleria innanzi alla sala, per lasciar quella libera al servizio della tavola del sig. Duca, altri Titoli, e Principe mio S.re a causa di goder maggior fresco. Godè detto Sig. Duca di sì bello, e ricco apparato diviso in due sorte di servizi, l'uno tutto dorato, l'altro tutto bianco, e per la moltitudine, e per la manifattura di molta stima, comendò assai la quantità e varietà dei vasi, non mancavano e i conconi, e le broche e simili.

« Per S. Maestà non stava apparecchiato l'apparatori, nè la tavola, ma sì ben tutto percepito, acciò si avesse da eseguire al momento quel tanto che avrebbe ordinato il Conte di Barrajas per ordine di Sua Maestà. In fine contentissimo se ne andò. »

L'année 1632 vit sinon finir les travaux du Palais, du moins l'ensemble des constructions sur la place, et la réfection de l'ancienne porte de la forteresse. Enfin une nouvelle entrée fut ouverte dans la façade nouvellement élevée sur l'emplacement du mur des lices qui séparait autrefois le corps de logis du sud de l'esplanade du côté de la ville.

Cette même année mourut la princesse Hippolyte Trivulce. Le souvenir des funérailles magnifiques qui lui furent faites s'est perpétué, et l'un des annalistes inédits qui ont recueilli les souvenirs que nous évoquons ici, a relaté l'une des inscriptions rédigées à cette occasion :

MORTALIS CADO, IMMORTALIS RESURGO

INTER TERRENOS MAGNATES NON SECUNDA

INTER CŒLESTES PRINCIPES ADHUC SPECTABILIS

TUO SANGUINE CHRISTE

QUEM GENUIT ADORAVIT

Les travaux qui contribuaient à décorer la ville en même temps que le Palais, ajoutaient tous les ans de nouveaux monuments. En 1636, un hospice s'élevait et fut inauguré en face de l'Hôtel-de-Ville (1).

L'église, dont le chœur avait été achevé dès l'année 1616 (2), s'enrichissait d'orgues œuvre d'un artiste fameux, Jean Oltruchino. Elles furent définitivement placées le 21 juin 1639 au côté gauche du sanctuaire. Les peintures des panneaux qui ornaient le buffet avaient été faites par Bernardin Miniaut, peintre d'Aix.

Deux grands événements devaient marquer l'année 1641.

Le marquis de Campagna, fils d'Honoré II,

(I) Le Tribunal actuel.

(2) L'inscription suivante, placée sur une plaque de marbre du côté de l'évangile au maître-autel, consacrait cette construction :

CHORVS ISTE INCEPTVS

VIVENTE HERCVLE GRIMALDO DOMINO MONŒCI

ET CAMPANIÆ MARCHIONE

SVB FELICISSIMIS AVSPICIIS

DE MANDATO POSTEA DOMINI HONORATI GRIMALDI

EJVS FILII ET SVCCESSORIS

COMPLETVS FVIT

ECCLESIÆQVE PARIETES INCRVSTATI

AC DEALBATI FVERE

ANNO DOMINI MDCXVI.

épousa Aurélie Spinola de l'illustre maison de Gênes, le 8 mars 1641. Les fêtes et les réjouissances qui se célébrèrent à cette occasion méritent de trouver place ici. Les détails que les relations ont conservés sont de nature à donner quelques indications sur l'état du port et du basde la ville à cette époque.

On jeta devant la porte de la Condamine (1) un pont de cent pieds de long et de quatorze de large, du niveau du chemin public; il était peint de différentes couleurs et avait de chaque côté du garde-pont, à distance égale, cinq piédestaux sur lesquels étaient des trophées et es armoiries Grimaldy et Spinola réunies avec des guirlandes de fleurs; la balustrade était terminée par quatre pyramides placées aux angles du pont ornées de jérogliphes allusifs.

La porte de la Condamine représentait des deux côtés un bel arc de triomphe surmonté de statues fabuleuses: un Neptune, Flore et Pomone devaient présider à ce lieu arrosé par la mer, embelli par les fleurs et les fruits dans toutes les saisons.

A l'extrémité de l'allée, était rendue en perspective, au milieu de guirlandes de myrtes, les Noces de Tétis et de Pelée; Hercule Grimaldy, représentant Pâris, donnait la pomme d'or à Aurélie Spinola, sous la figure et avec les

(1) La Condamine était fermée du côté de la mer par un grand mur dont un tableau, peint vers 1620, donne l'indication. — Ce tableau est aux Archives du Palais. — Sur la route qui conduisait du port à la montée de la ville, une porte avait été construite.

attributs de Vénus ; des inscriptions analogues formaient les parties latérales.

L'entrée de la porte de la ville et la porte dite de la Major correspondant à la grande place étaient également ornées par des écussons et les armoiries des conjoints avec la devise *Deo Juvante* et de leurs chiffres entrelacés ; des guirlandes de myrtes et de roses remplissaient et ornaient avec élégance l'espace de droite et de gauche depuis la barrière de l'Avancée jusqu'à la Poissonnerie ; sur le coin, était un autre arc de triomphe et une inscription en lettres d'or sur champ d'azur, de même que sur la porte de l'église. Les colonnes de la nef de l'Eglise étaient ornées en spirale et unies les unes aux autres par des festons en damas cramoisi et franges en or, jusqu'au sanctuaire au centre duquel s'élevait un magnifique dés, dont les quatre coins étaient soutenus et relevés par des Génies, qui tenaient de l'autre main différents attributs relatifs à cet hymen. Une Renommée, embouchant la trompette et indiquant avec la main les vertus cardinales placées dans le pourtour, planait par dessus ; les nefs latérales étaient tapissées en damas cramoisi et frange en or. A droite et à gauche du sanctuaire, outre les quatre vertus cardinales, étaient des grands prie-Dieu couverts de tapis de velours cramoisi et dix fauteuils de même pour les parents, venus assister à la Noce.

L'arrivée d'Aurélie Spinola et de toute sa famille, embarqués sur les galères de Gênes, fut annoncée par une continuité de *salve* d'artillerie depuis la Bordighera jusqu'à leur entrée dans le port, où commencèrent les *salve* de la Place de 150 coups de canon de la batterie, depuis le Sperone, aujourd'hui fort Antoine, jusqu'à la Major, auxquels répondaient coup par coup les galères ayant abordé au rivage. Aurélie, accompagnée de sa nombreuse suite, descendit sur le pont où elle fut accueillie avec l'empressement le mieux exprimé par le Prince Honoré et le futur époux. Elle répondit avec une grâce admirable aux compliments de félicitations des consuls, du clergé et des officiers de la garnison ; précédée de toute cette population, munie de rameaux et de guirlandes qu'elle entrelaçait en dansant des farandoles et chantant des airs analogues à cette circonstance heureuse, et de 24 enfants des deux sexes uniformément vêtus de blanc, avec des écharpes de myrte, qui répandaient des fleurs sur son passage. Tout le cortège se rendit, au son bruyant et confondu d'une brillante musique des tambours de la garnison et des cloches, à l'église où elle reçut de l'Evêque de Nice, suivi de tout le Clergé, un compliment et l'eau bénite. Le mariage fait, on chanta un *Te-Deum*, en actions de grâce, etc. Alors commencèrent les fêtes au Palais qui, pendant trois jours, firent retentir la joie parfaite qui y régnait : illuminations, feux d'artifice, repas somptueux, bals, tout fut réuni pour rendre brillante cette noce.

II

Nous arrivons au fait capital du règne d'Honoré II, à l'expulsion des Espagnols et au traité fait avec la France. Cette résolution était ancienne dans l'esprit du Souverain de Monaco, et depuis longtemps, par l'intermédiaire du marquis de Corbons, de la branche des Grimaldi de Cagnes, le Prince avait fait des ouvertures à Richelieu. L'histoire de ces négociations, tenues mystérieuses pendant six ans, a été faite et très clairement exposée (1). Mais il avait fallu remettre successivement l'exécution, par suite des soupçons et de l'ombrage que les chefs de la garnison espagnole avaient plusieurs fois manifestés.

Le mariage du marquis de Campagna et les fêtes qui le suivirent contribuèrent à endormir l'attention de l'espagnol.

Cependant tout se préparait, et l'événement était imminent. Dès le mois de septembre 1641, l'action était résolue, et une dernière démarche avait été faite auprès de la France. Le Prince reçut l'assurance d'être garanti contre les conséquences de son entreprise, aussitôt le premier succès obtenu.

C'est ici que commence, entre Honoré II, Richelieu et les agents français, une correspondance qui, une fois complétement réunie, pourra contribuer à éclairer l'histoire de la politique française dans la rivière de Gênes.

(1) Métivier, *Monaco et ses Princes*, tome 1, page 271 et suivantes.

Rappelons que les principaux acteurs du drame qui va se dérouler sont, en dehors du Prince, de son fils et de ses officiers, le marquis de Corbons, gentilhomme au service français en Provence et surtout Louis de Valois, comte d'Alais, gouverneur de Provence, qui eut dans toute cette affaire un rôle extrêmement actif.

Deux mois avant l'explosion de la conjuration qui allait lui rendre l'indépendance, Honoré II recevait du roi de France et de Richelieu de nouvelles assurances et de nouveaux encouragements. La lettre royale ne s'est pas retrouvée, mais toutes celles de Richelieu forment une des parties les plus précieuses du dépôt historique du Palais de Monaco (1).

Le cardinal suivit, en effet, avec le plus grand soin toute cette affaire qui assurait à la France un poste avancé des plus importants sur la Rivière. Il sentait trop bien l'intérêt qu'il y avait à dominer la route de l'Italie pour négliger une occasion d'assurer le passage libre sur les côtes entre la Provence et les Etats Italiens. Les agents français étaient prêts à porter secours en temps utile au Souverain de Monaco, qui prenait une si généreuse et si audacieuse initiative.

(1) Archives de Monaco, série C.

Nous ne reviendrons pas sur le récit d'un événement qui est dans toutes les mémoires et qui forme une des pages les plus émouvantes de l'histoire d'un Palais si fréquemment témoin d'événements dramatiques.

Le Prince et son fils, aidés de serviteurs fidèles, y exposèrent courageusement leurs vies et conquirent leur indépendance littéralement à la pointe de l'épée. Le retentissement qu'eut en Europe, et surtout en Italie, l'heureux coup d'audace du 17 novembre 1641 fut considérable : il suffit d'ouvrir les relations du temps pour s'en convaincre.

Le Comte d'Alais, venu pour suivre les événements à Antibes, avait, comme on le sait, envoyé les troupes préparées pour le secours de Monaco aussitôt qu'il avait été averti de l'événement. Le 23 novembre, il écrivait à Honoré II une lettre dans laquelle il exprimait au Prince la joie qu'il éprouvait de l'acte si heureusement accompli. Il félicitait en même temps le jeune marquis de Campagna de s'être rendu digne du glorieux exemple qu'il avait reçu de son père. Le comte d'Alais s'était empressé de donner avis au Roi, par un courrier exprès, de l'heureux succès qu'Honoré II avait obtenu. La nouvelle était arrivée rapidement à Paris ; le marquis de Corbons, mandataire du Prince, était attendu par Richelieu pour donner suite au projet de traité qui assurait au Prince, avec le respect de sa souveraineté, la protection de la France et l'appui dans sa place des armes françaises, mises par une disposition toute spéciale sous son commandement, le Roi le faisant lui et ses héritiers gouverneurs militaires de la forteresse.

La suite de la correspondance montre, par les termes vifs dont Richelieu se sert, de quelle importance il jugeait pour la France l'alliance qui lui assurait le protectorat de Monaco.

Le marquis de Corbons n'était pas encore arrivé à Paris, que le Cardinal écrivait au Prince une lettre qui porte la date du 12 décembre 1641. Il y exprimait son admiration pour l'acte héroïque par lequel Honoré II venait de s'illustrer. Tout était prêt pour terminer le traité, le Cardinal donnait l'assurance que le Prince recevrait toutes satisfactions dans la rédaction de cet accord diplomatique qui devait régler pendant cent cinquante ans les relations de la Principauté et de la France.

En attendant, l'attention la plus grande était donnée pour mettre la ville du nouvel allié de Louis XIII à l'abri d'un coup de main.

Un moment le Prince put craindre un retour offensif des Espagnols ; le comte d'Alais, qui ne cessait de surveiller les mouvements des ennemis dans la Rivière, le rassurait en ces termes au milieu de décembre :

Les avis que l'on donne, tant des rodomontades Hespagnoles que de leurs desseins sur la place, sont tout à fait frivoles ; il ne faut rien craindre de ce costé là, et quelque orage qu'il arrive, vous avez un bon manteau pour le soutenir, et en ma personne un ami inviolable (1)

Et comme les avis portés à Monaco précisaient le point par où l'on pouvait craindre une attaque, le comte d'Alais revenait le lendemain sur ses affirmations rassurantes :

Je ne vois pas qu'ils (les Espagnols) puissent fortifier le Monaguet (2) où il n'y a ni terre pour se couvrir et fortifier, ni eau pour y faire subsister les soldats.

Le point que les Espagnols auraient ainsi songé à occuper devant Monaco et dont le comte d'Alais parlait d'une façon si pertinente, était bien connu des Français. Sur ce plateau aride, d'une altitude un peu supérieure à la place, il

____

(1) Lettre du 21 décembre.
(2) C'est le plateau au-dessus du port de Monaco connu sous le nom moderne des *Moneghetti*.

avait été question, quelques années auparavant, d'établir une place d'armes française, d'où l'on aurait pu dominer Monaco et rendre son port impraticable aux Espagnols. Le comte d'Alais révèle ici la raison principale qui fit alors abandonner ce projet.

L'attention des Espagnols était du reste appelée d'un autre côté ; la France préparait l'expédition du Roussillon, et à la fin du printemps de 1642, le Roi et le Cardinal se mettaient en route pour le Midi de la France. L'armée française entrait en Roussillon.

Désireux de se produire à la cour du Roi dont il avait embrassé l'alliance, Honoré II partit de Monaco pour aller saluer Louis XIII. Il était accompagné de son fils, qui avait, en vertu du traité de Péronne, échangé son titre de marquis de Campagna, contre celui de marquis des Baux.

Les maladies dont furent frappés successivement le Roi et le Cardinal retardèrent l'entrevue ; les Princes durent attendre assez longtemps.

Le comte d'Alais écrivait à ce sujet à Honoré II, d'Aix, le 20 mai 1642. Il avait appris avec joie les bonnes dispositions dont le Prince donnait une marque en entreprenant son voyage, ainsi que l'impatience que le Roi et le Cardinal avaient témoignée sur son arrivée en cour. Les indispositions du Roi et du Cardinal étaient seules causes du retard qui avait été apporté à l'entrevue et du séjour prolongé qu'Honoré II avait dû faire à Pézenas. Le gouverneur de Provence exprimait l'espoir que ces maladies étant heureusement terminées, le Prince recevrait tout le contentement qu'il pouvait désirer.

On connaît la réception qui attendait le Prince de Monaco à Perpignan ; comment le Roi voulut donner à ce nouvel allié les insignes de ses ordres de sa propre main et lui remettre ceux qu'il portait lui-même. Un accueil si distingué attira à Honoré II de nouvelles félicitations du cardinal de Richelieu (1).

Le comte d'Alais, de son côté, manifestait au Prince la même satisfaction par une lettre datée d'Arles le 10 juin.

Dans une autre lettre écrite quelques jours après, Louis de Valois nous apprend les retards

---

(1) Cette lettre, datée du 2 juin 1642, est de la main de Charpentier. Elle n'est pas signée. Les plis en sont fermés par le petit cachet aux armes du Cardinal. — Une autre lettre datée « de Tarascon, ce 12º juin 1642 » est également sans signature. C'est une simple lettre de compliments.

apportés au retour des Princes. Les négociations dont ils attendaient l'issue furent en effet quelques jours suspendues par les événements qui amenèrent la découverte de la conspiration et l'arrestation de Cinq-Mars, événements qui font en partie l'objet de la lettre du comte d'Alais.

Arrivé à Monaco, Honoré II recevait de nouveau le témoignage des dispositions favorables du Cardinal par une lettre datée de Tarascon le 3 juillet, dans laquelle il le félicitait de son heureux retour à Monaco.

Un événement attendu avec impatience par le Prince, et qui avait hâté son retour dans ses Etats, eut lieu quelques semaines après. Dans la nuit du 25 juillet 1642, la princesse Aurélie Spinola accouchait du Prince qui fut Louis Ier. L'intention d'Honoré II avait été de faire de son petit-fils le filleul du Souverain dont il venait de recevoir un accueil si cordial. Il s'ouvrit de son projet au comte d'Alais qui l'y encouragea dans les termes les plus pressants.

Cette naissance donna une nouvelle occasion à Richelieu d'écrire à Honoré II, le 1er septembre 1642, une lettre. datée de Saint-Vallier, qui est la dernière dont le chartrier de Monaco paraît avoir conservé l'original. Cette lettre, comme les précédentes, reflète les sentiments qui animaient le Cardinal à l'égard d'un Prince dont l'alliance avec la France avait été un des succès de sa politique.

Les rapports du comte d'Alais avec le Prince ne se bornaient pas à des relations de courtoisie. Des tentatives criminelles contre la personne du Souverain de Monaco et la sûreté de sa place étaient surveillées et signalées. Le 19 août, Honoré II était prévenu d'un complot tramé à Monaco même pour livrer la place, sa personne et celle de son fils aux Espagnols.

Les mesures prises firent avorter ce projet.

On attendait cependant la réponse du Roi relative au baptême du jeune Prince. Cette réponse arriva dans les premiers jours de septembre. Louis XIII et Anne d'Autriche acceptaient de nommer au baptême le futur héritier de la Principauté. Le comte d'Alais, choisi avec la comtesse sa femme, pour représenter Leurs Majestés, écrivait le 4 septembre pour exprimer à Honoré II sa satisfaction de représenter le Roi dans une si solennelle occasion.

La suite des événements ne permit pas au comte d'Alais de se rendre immédiatement à Monaco. Sur ces entrefaites, la mort du Cardinal et la maladie du Roi appelèrent à Paris le gouverneur de Provence. Il s'y trouvait à la mort de Louis XIII. Quelques passages de la lettre qu'il écrivit au Prince à cette occasion méritent d'être cités ; ils sont d'autant plus intéressants qu'ils donnent, en même temps que l'expression des sentiments du deuil, la relation du glorieux fait d'armes par lequel s'ouvrait le règne de Louis XIV. Cette lettre est du 28 mai 1643, quatorze jours après la mort de Louis XIII :

La perte que nous venons de faire du feu Roy, de très glorieuse mémoire, m'avoit mis dans un juste et triste silence dont je ne puis revenir. C'est le temps seul qui peut consolider une si grande plaie et la vertu de la Royne régente, mère du Roy, nous fait espérer tout ce que les veus, les larmes et les soupirs de ce Royaume peuvent souhaiter de sa bonté et de sa prudence. . . . .

... Dans le deuil que nous portons au cœur et sur nos habits, nous venons de recevoir quelque consolation, si nous étions capables d'en recevoir, par la victoire de Rocroy, que M. le duc d'Anguien vient d'obtenir sur l'armée de Flandres, qui avait assiégé cette place. C'est une bataille sanglante en laquelle nos ennemis ont tout perdu ; six mille des leurs sont demeurés sur la place, sèze mille prisonniers ; le comte de Fontaines, vint pièces d'artillerie et deux cents drapeaux et tout le bagage.

La mort de Louis XIII donna occasion à Honoré II de manifester les sentiments personnels qui l'animaient envers le Prince dont il avait embrassé l'alliance, et les relations contemporaines ont conservé le souvenir de la cérémonie solennelle célébrée à Monaco en l'honneur du Roi défunt, cérémonie que vint présider l'évêque de Nice.

Le premier acte par lequel le nouveau roi inaugura ses relations avec Honoré II, eut trait au baptême du Prince, petit-fils du souverain de Monaco. Louis XIV fit connaître sa volonté d'être le parrain du jeune Prince à la place de son père. Par une lettre contresignée Loménie, en date du 18 août 1643, il exprimait le contentement qu'il éprouverait à donner le nom au petit-fils d'Honoré II, ce que le roi défunt n'avait pu accomplir, et chargeait en même temps le comte d'Alais de le représenter.

Cette lettre parvint à Monaco par l'intermédiaire du comte d'Alais. En transmettant la dépêche royale, le comte écrivait d'Aix, le 30 août 1643, que ne pouvant avoir les galères avant trois semaines, il ne pourrait, malgré son impatience, arriver à Monaco avant la fin de septembre.

Ce fut le 12 octobre seulement que furent célébrées les cérémonies du baptême qui se fit en grande pompe à Monaco. La relation contemporaine retrace ainsi les détails de cette fête :

Le 12 octobre 1643, M. Louis de Valois, comte d'Alais, colonel général de la cavalerie, gouverneur et lieutenant-général pour Sa Majesté, et Son Altesse Mme la comtesse Henriette de La Guiche son épouse arrivèrent à Monaco, *pour tenir au font du baptesme le fils du Prince Hercule* au nom de Sa Majesté Louis XIV. Ils étaient accompagnés de vingt-cinq dames et plus de soixante messieurs, outre leur nombreuse cour ; ils étaient embarqués sur deux superbes galères ornées exprès dans le port de Toulon et abordèrent dans celui de Monaco au son bruyant d'une charmante musique, le 12 octobre vers les 6 heures du soir.

Le Prince Honoré II et son fils Hercule, suivis de toute leur cour, embarqués sur une escadrille de deux vaisseaux et un brigantin, furent au-devant d'eux jusqu'à la hauteur du cap d'Ail, où des batteries établies le long de la côte ne discontinuèrent les *salve* auxquelles répondaient les deux escadres réunies, jusqu'à l'entrée du port où commencèrent ceux de la ville le long des remparts au nombre de 150 tirés au boulet.

Un grand orchestre, confondant les sons les plus harmonieux aux chants et cris d'allégresse de toute la population, manifesta aux souverains et au comte et comtesse d'Alais que ce jour de leur arrivée l'était du bonheur. Les cavaliers montèrent sur des chevaux préparés et richement harnachés, les dames entrèrent dans des chaises à porteur et en litière, et le cortège précédé et suivi des habitants criant *vive Grimaldy, vive le comte et la comtesse d'Alais*. Le chemin qui conduit du quai à la ville était élégamment décoré de guirlandes de verdures et de fleurs ; arrivés à la barrière de l'Avancée, le Prince Honoré présenta au comte les clefs dorées de la ville que M. Jerré, major de la place, portait sur un bassin d'or ; arrêtés quelque temps par le cérémonial d'étiquette, employant toujours réciproquement le titre d'Excellence, le comte d'Alais dit au Prince : *Gardez ces clefs, Sa Majesté ne peut les confier à de meilleures mains.* La garnison bordait la haie depuis le Môle jusqu'à la place ; elle fit à leur entrée une autre salve de 100 coups de canon, et la troupe en fit plusieurs de mousquetterie. Plus de cent personnes furent logées au Palais. Après avoir pris quelque repos, on admit les visites du corps municipal, des officiers de la garnison et du clergé. Leurs Excellences se montrèrent très sensibles aux compliments qu'on leur fit, et, peu de temps après, se retirèrent pour jouir du spectacle qui leur fut préparé sur la place d'un superbe feu d'artifice et de l'illumination générale.

Le lendemain matin, le carrillon des cloches avertit le peuple que la fonction sollennelle du baptesme allait se faire ; on répandit des fleurs partout où Leurs Excellences devaient passer, surtout sur la place de l'Eglise et dans tout l'intérieur. L'évêque de Nice célébra la messe qui fut chantée à grand orchestre. Le séjour de trois fois vingt-quatre heures fut marqué par des plaisirs variés sans interruption, et leur départ par le témoignage de vifs regrets et une salve de toute l'artillerie, tout le temps que les galères furent en vue.

III

Dans les années qui suivirent, Honoré II
continua les constructions par lesquelles il
transformait définitivement en Palais princier
l'antique forteresse des Grimaldi. Une visite
qu'il reçut en octobre 1646 a donné lieu à une
description du Palais qui est, croyons-nous, le
plus ancien document imprimé qui s'occupe de
ce monument et de ses richesses.

La maréchale de Guébriant, chargée, comme
ambassadrice extraordinaire, du soin de conduire
Marie de Gonzague-Nevers, mariée au roi de
Pologne, revint par l'Italie et Gênes. Elle était
accompagnée dans ce voyage par Jean le Laboureur, historien et archéologue, qui préparait
en ce moment son *histoire du Maréchal de
Guébriant.*

Le Laboureur n'était pas un inconnu à la cour
de Monaco. Dans le voyage qu'Honoré II fit à
Paris en 1645, il avait été présenté au Prince,
et la collaboration de ce savant au livre de Vénasque est certaine (1). La *Genealogica Gri-*

(1) On sait que d'Hozier voulait voir dans le nom de

maldæ gentis arbor contient une partie au moins qui est son œuvre : la généalogie de la famille des du Bec Crespin de Normandie dont

Vénasque un pseudonyme de Le Laboureur. La collaboration de l'historien du maréchal de Guébriant se fait sentir par l'habileté de la disposition de l'ouvrage qui révèle une plume expérimentée ; mais, quand au fond même du travail, le livre est bien l'œuvre de Vénasque. Le projet de réunir en un corps d'ouvrage historique l'histoire des branches si nombreuses de l'antique maison de Grimaldi fut de bonne heure la préoccupation du Prince. C'était l'époque où ce genre de recherches et le soin de coordonner les documents qui forment les titres généalogiques des Maisons illustres prenaient de plus en plus d'importance. Pour une semblable œuvre, Honoré II pouvait compter sur le zèle et le travail opiniâtre de son secrétaire, Vénasque Ferriol. Vénasque était lettré ; ce qu'en dit Jean le Laboureur en témoigne. Il ne reculait devant aucune besogne pour recueillir et classer les titres dont il avait à se servir. Le travail qu'il fit ainsi donna lieu au classement, défectueux à beaucoup d'égards, mais consciencieusement suivi, des titres qui constituent les anciennes archives du Palais. — En tous cas, avant les événements de 1641, le Prince Honoré II s'occupait de réunir les éléments du monument à élever à la gloire de sa Maison, et les Archives de Monaco contiennent une note de la main de Vénasque, écrite en 1637, prescrivant à Hercule Sigaldi, gouverneur du marquisat de Campagna, de faire rechercher dans les archives du royaume de Naples les titres nombreux qui concernaient la maison de Grimaldi.

les traditions faisaient un antique rameau de la maison de Grimaldi et à laquelle appartenait Renée du Bec Crespin, maréchale de Guébriant.

Quoique cette relation de voyage soit déjà imprimée, l'ouvrage dont elle fait partie est rare, et les renseignements qu'elle renferme sont assez importants pour que nous croyions devoir la reproduire ici (1) :

Nous y arrivâmes [à Monaco] à trois heures après-midi, et en entrant dans le port, nos galères furent saluées de quarante pièces de canon à boulets, auxquelles elles répondirent avec leur artillerie qui fut aussitôt rechargée pour saluer monsieur le marquis des Baux que le Prince, son père, qui attendait au bord de la mer, envoia pour recevoir madame la Maréchalle dans son brigantin.

Son Altesse la complimenta à sa descente de la joie qu'il avoit de son arrivée et de l'heureux accomplissement de son voyage en un lieu qui ne luy devoit point estre étranger, pour l'honneur qu'il avoit d'estre serviteur du Roy et François d'adoption, mais encore de laquelle je rendrai raison cy-après. Après cela il la fit porter en chaise dans son Palais, et en traversant la Place d'Armes de la ville, elle vit toute la garnison en bataille qui la salua ; monsieur le Marquis son fils eut

____

(1) *Relation du voyage de la Reine de Pologne et du retour de madame la maréchale de Guébriant ambassadrice extraordinaire, etc.*, par Jean Le Laboureur. — Paris 1647, in 4°

même soin de mademoiselle de Guébriant et la fit porter du vaisseau dans l'appartement qui lui avoit esté préparé.

Le Prince donna le principal de son Palais à madame la Maréchalle et la régala avec toute la magnificence possible à son extrème générosité. Le lendemain, il la pria de vouloir tenir sur les fonds la jeune Princesse, née depuis peu de jours au Marquis son fils, de laquelle luy même s'estoit désigné le parrain, à l'occasion d'une si heureuse conjoncture : ce qui s'accomplit fort solennellement dans la paroisse de la ville dédiée à *Sainte Dévote*, dont le nom fut donné à l'enfant, conjointement avec ceux de *Marie*, pour estre née le jour de la Vierge, et de *Renée* qui est le nom de madame la Maréchalle.

Nous partîmes le jour suivant, neufiesme du mois, sur les trois heures du soir.

Mais auparavant que de rentrer en mer, je suis obligé de parler de la beauté du château, de la situation de la ville et des Princes de cet Estat. Outre que je le dois à la France qui honore beaucoup ce Prince, j'y suis encore beaucoup plus particulièrement obligé par des considérations qui me convient de chercher toutes sortes d'occasion pour témoigner ma reconnoissance des honneurs que j'ai reçus de lui qui, par sa générosité, par ses belles sciences, par l'amour des lettres, par sa protection et par ses bienfaits envers les lettrez, accroît les limites de son Estat jusques dans les cœurs de tous ceux qui ont l'honneur de son entretien et règne sur quantité d'honnestes gens dans nostre France et dans l'Italie. C'est cette grandeur que j'estime le plus ; et si je fais moins d'état de la souveraineté que sa naissance lui a donnée et de ce qu'il l'a encore méritée par lui-même en la reconquestant par les armes, je considère comme des tyrans les autres Princes quoique plus puissans dont les considérations extorquent des louanges qu'ils ne doivent qu'à leur fortune, non à eux mêmes. ny à la bonne volonté des écrivains.

En entrant de la ville dans la cour du Palais, il faut lire cette inscription qui est sur la porte :

H. II.

CRYPTOPORTICVM HANC, ETSI REGVM, IMPERATORVM ET PONTIFICVM MAXIMORVM INGRESSV DECORATAM, TAMEN TANTÆ MOLIS VASTITATE ANGVSTAM DECORAVIT, AMPLIAVIT, EXORNAVIT. AN. SAL.

MVICXXXII.

En effet, Raynier troisième, Prince de Monaco, eut l'honneur d'y recevoir, l'an 1406, le Pape Benedict XIII ; Augustin, archevêque d'Oristane, tuteur du Prince Honoré I, y régala l'empereur Charles V ; et presque tous les rois de Sicile, de la maison d'Anjou, y ont logé autant de fois qu'ils ont passé de Provence en Italie, à cause de l'étroite alliance qu'ils ont eue de tout temps avec la maison de Grimaldi, dans laquelle ils choisissaient leurs principaux chefs de guerre et les premiers officiers de leur maison.

A l'entrée de la cour on se trouve eshlouy de l'ample grandeur de ce Palais. L'on voit en face (1) le principal appartement où l'on monte par un grand escalier de

(1) On voit par ce passage que, malgré l'ouverture de la porte sur la place, l'entrée principale du Palais avait été maintenue par la grande porte de la grosse tour à l'angle du côté de la montée.

marbre qui conduit sous une très belle gallerie encore balustrée de marbre blanc.

C'est de là qu'il faut voir et qu'il faut admirer les belles peintures à fresque du célèbre Canjaggio (1) dont tout le corps de logis de dessus la porte est décoré ; mais il faut regretter le malheur d'un si bel ouvrage, qui, après un combat de plusieurs siècles, sera l'un des trophées de l'injuste victoire du temps, qui semble ne les dépouiller ainsi peu à peu que pour donner plus de regrets à plusieurs Princes qui ne pourront y apporter de secours.

De l'autre costé, sont les offices, les gardes meubles, et de l'argenterie du Prince, avec les logements de ses officiers, et au-dessus sont plusieurs belles chambres de son logement, lesquelles il a fait raccommoder et rhabiller a la moderne, comme témoigne cette seconde inscription :

« H. II.

« VT POSTERITATI CONSVLERET, VT PRINCIPVM ATAVO-RVM HABITATIONEM ET MEMORIAM RENOVARET, PALATII PARTEM, TEMPORIS DIVTVRNITITATE CORROSAM, FAMVLATI-BVS INCOMMODAM, SINGVLARI INDVSTRIA COMMODATISSI-MAM REDDIDIT, DOMICILIIS CONFVSAM IN MEMBRA DIS-TINXIT, AVLICORVM NVMERO ANGVSTAM NOVIS PORTICIBVS, CVBICVLIS NOVIS ADAVXIT OMNIA ET SINGVLA EXIMIO STVDIO EXPOLIVIT. ANNO SALV.

MDCXXXII. »

De cette même gallerie on voit dans la cour une cisterne soustenue de belles colonnes, de laquelle il faut

(1) Voyez dans l'Annuaire de la Principauté de Monaco pour 1882 l'article sur *la Renaissance à la Cour de Monaco.*

s'approcher pour admirer sa vaste étendue, qui est de
la grandeur de toute la cour, et creusée dedans le roc,
où il y a de l'eau en telle quantité qu'un pied de hauteur en donne huit mil barils (1).

Si j'ai tant soit peu réussi à la description de la cour,
je ne veux point m'égarer dans celle du logis du Prince.
Comment représenter à l'imagination du lecteur ce bel
ordre de tant d'appartements de plain-pied, où sont la
chambre royale, le logement de la marquise des Baux
et tant de belles salles dont la sculpture et la peinture
s'accordent d'une si louable intelligence? Qnel moyen
encore de luy faire voir la gallerie qui est si judicieu-
sement pratiquée dans le milieu de ce corps de logis,
des raretés de laquelle on feroit un volume, pour remar-
quer sans rien obmettre les beaux originaux tant de
portraits que d'histoires du Titien, de Raphaël, des
deux Bassans, de Michel Ange, du Parmesan, du Guido
Rheni, d'Alber Dürer, du mesme Canjage, du Berga-
masque, de Caravagio, et des autres fameux peintres (2),

(1) L'orifice par lequel on pouvait voir de la galerie
d'Hercule la grande citerne n'a été fermé que dans ces
dernières années.

(2) Nous avons relevé dans les catalogues postérieurs
à cette visite les œuvres des peintres cités ici, conservées
dans le Palais de Monaco jusqu'à la Révolution. Voici
cette liste. Dans le nombre sont sans doute les tableaux
dont parle Le Laboureur. Deux des peintres cités, le Ber-
gamasque et Albert Dürer, n'y figurent pas, et nous
n'avons rien retrouvé qui les concerne.

Nous donnons les dimensions de celles de ces toiles au
sujet desquelles nous avons pu retrouver cette indication.
Parmi les sources où nous avons puisé, nous citons un

où les raretez d'orfèvrerie, et de tous les autres arts, particulièrement de menuiserie dont il y a nombre infini de cabinets tant d'ébène que de bois de senteur de rapport, tous montés sur leurs pieds d'Estal et sur

inventaire de 1734 qui se rapporte aux tableaux envoyés à cette date à Paris et qui furent restaurés par Colins :

RAPHAEL.	*Le Christ et les trois Anges* (Inventaire de 1734).
TITIEN.	*Charles-Quint.* — h. 4 pieds, larg. 3 pieds 2 pouces. (id.)
—	*Danaé.* — h. 3 pieds 9 pouces, larg. 5 pieds 9 pouces. (id.)
—	*Eve offrant la pomme à Adam.* — (id.)
PARMESAN.	*Vénus allaitant Cupidon.* — h. 4 pieds 6 pouces, larg. 3 pieds 9 pouces.
—	*Vénus et Cupidon posant son pied sur le ventre de sa mère.* — h. 2 pieds 8 pouces, larg. 3 pieds 7 pouces. (id.)
—	*Vénus et Adonis.* — h. 5 pieds 8 pouces, larg. 3 pieds 8 pouces. (id.)
BASSAN.	*Fuite des Israélites dans le désert.* — h. 3 pieds 5 pouces, larg. 5 pieds. (id).
—	*Les quatre Saisons.* — (Quatre toiles pendant). — h. 3 pieds 8 pouces, larg. 4 pieds 10 pouces. (id.)
MICHEL ANGE.	*Mars et Vénus.* — h. 2 pieds 11 pouces. larg. 5 pieds. (id.)
CARAVAGE.	*Mort d'Orphée.* — h. 6 pieds, larg. 7 pieds 2 pouces. (id.)

lesquels il y a de toutes sortes d'orloges, montres d'or
et d'argent et d'autres pièces riches et curieuses.

Au bout de cette gallerie, l'on tourne dans une autre,
où est un bel alcove, toutes deux ornées comme la
gallerie.

L'appartement ordinaire de Son Altesse est au second
étage; l'on y va par une gallerie pareille à celle de la
cour ; ses chambres sont comme de celui d'en bas ; elles
sont tapissées des portraits en grand volume de tous les
Princes ses ayeux, et presque tous ont des cabinets qu'il
a pratiqués, pleins de belles curiosités toutes différentes.
De là, il peut se promener par tout son Palais qui est
de plus de cent chambres. Elles sont toutes meublées ;
toutes fois il a encore autant de lits et de tapisseries
pour les changer dans leurs saisons, et il en garde d'autres par curiosité qui sont étoffez d'or, d'argent et de

Cambiaso.	*Vénus et Adonis.* (Grande toile). (id.) Ce tableau était placé, en 1734, au dessus de la première fenêtre de la pièce avant la chapelle, en entrant par la galerie.
—	*Cupidon endormi.* (id.)
Le Guide.	*Marianne présentant à Hérode la tête de Saint Jean-Baptiste.* — h. 3 pieds 5 pouces, larg. 4 pieds 8 pouces 1/2 (Inventaire de 1734).
—	*Saint Jérôme.* — h. 4 pieds, larg. 3. (Inventaire des objets conservés dans la chapelle St-Jean à la Révolution.)
—	*Saint Pierre pleurant sa faute.* — h. 1 pied 11 pouces, larg. 1 pied 8 pouces. (id)

soye dont on ne peut trop estimer la fabrique. Ceux-là
sont gardez dans une grande salle entourée d'armoires
où l'on me montra une quantité merveilleuse de vais-
selles d'argent, tant de vermeil doré que de ciselé ou
d'autres sortes. Et surtout je fus estonné de voir une
grande table et deux bancs d'argent massif et une
grande buire de la hauteur d'un homme, avec une
cuvette ronde, que quatre hommes ne pouvoient lever ;
tout cela travaillé admirablement bien, avec ses armes
en relief. (1)

L'inclination qu'il a pour l'architecture lui a fait
découvrir un lieu propre à faire des bains, où il a fait
bâtir un logis magnifique qui sera tout rempli de figures
de marbre de la main d'un bon maître qui travaille
dans son Palais. L'on y descendra par la chambre
royalle, à l'endroit d'une terrasse balustrée du costé de
la mer. Sur cette terrasse qui est le même roc de la
ville et du château, est un jardin de fleurs et d'orangers,
et au milieu une belle fontaine où sera dans le milieu un
grand Hercule vomissant de l'eau et qautre autres figures

(1) Le lecteur remarquera la concordance de cette description avec celles que nous avons reproduites d'après
les relations des visites de l'archiduc Charles et de la
reine de Hongrie. Les inventaires successifs des richesses
du Palais, qui existent aux Archives, donnent une histoire
fort intéressante de la conservation et de la destinée de
ces meubles somptueux. — L'étude des merveilles artis-
tiques renfermées dans le Palais pendant le XVIIIe siècle
et sous le règne d'Honoré III ne serait pas moins intéressante que celle de la première réunion et de la création
de ces magnifiques collections par Honoré II.

autour, aussi jaillissantes. Il y en aura plusieurs autres dans les bains, dont j'oubliois à dire que sur la porte est cet autre inscription :

H. II.

POST ARCEM IN PRISTINAM LIBERTATEM ASSERTAM, PRINCIPATVM IN ANTIQVVM SPLENDOREM RESTITVTVM, FŒDERA CVM GALLIA RENOVATA, PATROCINIVM CHRISTIANISSIMI REGIS RECVPERATVM, NOVA DOMINI VETVSTISSIMÆ FAMILIÆ ADDITA, AVITAS DIGNITATES ADAVCTAS ET PVELICAM SVBDITORVM TRANQVILLITATEM FIRMATAM, PRIVATA CONSVLVIT JVCVNDA, NECESSARIIS JVNXIT PALATIVM FONTIBVS, BALNEIS, AVIARIIS, HORTISQVE AMPLIAVIT ET VT JVSTÆ DOMINATIONIS FRVCTIBVS, QVOS INFAVSTA TEMPORA AMOVERANT, FRVERETVR, SIBI ET POSTERITATI HÆC OTIA FECIT.

ANNO SAL. MVCXLVI.

Monaco est une ville de médiocre grandeur, située sur un rocher qui avance dans la mer en forme de cap ou de promontoire, ayant d'un costé une pelage et de l'autre un port excellent, dont Lucani a loüé la grande commodité par ces vers :

« *Non Corus in illum*
« *Jus habet, aut Zephyrus, solus sua littora turbat*
« *Circius, et tuta prohibet statione Monœci.* »

C'est un lieu que la nature a basty, dont elle s'est reservé la deffense et d'où il semble qu'elle deffie toutes les puissances. De vray, ne trouve-t-on point d'histoires qui tesmoignent qu'il ait été pris de force.

Il y faut aborder par eau, puisque derrière luy sont les Alpes, qui semblent avoir été exprès escarpées pour empescher que l'on ne le surprit de ce costé là. *Le*

canon de la ville commande au port ; il commande encore
à la mer, et aujourd'huy que le Roy donne une
escoüade de quatre galères au Prince, il regnera sur
toute la coste jusqu'à Gênes, et Final, dont nos mari-
niers se plaignoient si souvent, sera obligé de porter ses
brigantins et ses barques dans sa forteresse, s'il ne nous
les veut donner.

L'on dit que Hercule le bâtit autrefois, qu'il y fut adoré
de tous les Dieux et que c'est la vraie étymologie des deux
noms grecs monos et ixos qui signifient *Sola domus*...

...Honoré Grimaldi IIe du nom, Prince de Monaco, cy
devant marquis de Campagna et comte de Canouse au
royaume de Naples et chevalier de la Toison d'or,
aujourd'huy duc de Valentinois, pair de France, chevalier des Ordres de nostre Roy très chrétien, comte de
Carladez, etc., général de quatre galères entretenues
pour le roy au port de Monaco, auquel le roy Louis XIII
donna le propre collier de son Ordre qu'il tira de son
col, devant Perpignan, l'an 1642, après qu'il eut glo-
rieusement chassé les Espagnols de son Estat avec une
valeur digne de l'admiration de toutes les nations, et
que la postérité pourra croire fabuleuse. C'est un Prince
doué de toutes les grandes qualités des héros qui a
joint avec un grand courage une prudence singulière
et une debonaireté parfaite et une extrême curiosité de
toutes les belles sciences. Il possède particulièrement
celle de l'histoire, et sa maison luy est obligée de cette
belle genealogie intitulée : « *Genealogica et historiæ
Grimaldæ gentis arbor* » qu'il a fait escrire par le
sieur Charles de Venasque, son secrétaire, et qu'il a fait
imprimer à Paris, à son dernier voïage de la Cour. Il
affectionne toutes les personnes de lettres. Il tient à
gloire de les obliger, et reconnoit libéralement les moin-
dres services.

J'aurois honte de dire qu'il m'a fait l'honneur
d'agréer une commission du Roy pour me donner l'Ordre de Saint-Michel et qu'il m'a fait présent d'une
grande médaille d'or avec son portrait et d'une autre
de l'Ordre, n'ayant pas mérité tant de faveur de Son
Altesse, si je ne le disois pour rendre tesmoignage de sa
générosité et de la passion que je dois à son service...

Le mardy, neufième jour d'octobre, après dîner,
madame la maréchalle de Guébriant aïant esté faire ses
adieux à la marquise des Baux qui avoit gardé le lit
depuis sa couche, fut accompagnée par le Prince et son
fils jusqu'au port, où elle remonta dans sa galère et fut
saluée de vingt-deux canons à boulets, ausquels nous
repondismes de six coups du nostre Nous prisme la
pleine mer pour tirer aux Isles de Sainte-Marguerite et
de Saint-Honorat; mais le chemin estant trop long, la
nuit approchant et le temps semblant se vouloir changer, nous relaschames au port de Villefranche qui n'est
qu'à neuf milles de Monaco et à trois de Nice.

Les détails si nombreux et si précis que Le
Laboureur donne de l'état du Palais à cette
époque, font de sa relation le document le plus
précieux qui nous soit parvenu pour le milieu
du XVII siècle.

D'autres visiteurs de marque se succédèrent ;
on a la trace entr'autres du séjour que fit à Monaco, Dreux d'Aubray, lieutenant criminel au
Châtelet de Paris, envoyé en mission à Rome,
en 1650, par Mazarin. C'est le père et la première victime de la marquise de Brinvilliers.

Les travaux entrepris à l'intérieur du Palais, et dont nous venons de voir Le Laboureur faire un si complet éloge, se continuèrent jusqu'à la fin du régne d'Honoré II. Divers accidents vinrent, par instants, en arrêter le développement. L'un des plus graves fut celui causé par l'ouragan du 28 août 1648, qui enleva toutes les toitures et causa aux constructions neuves, aussi bien qu'aux anciennes, de sérieux dégâts. La partie la plus maltraitée fut le *vieux quartier* en retour au fond de la cour d'honneur. On ne se contenta pas de relever les logis effondrés ; le Prince, réalisant un projet déjà ancien, résolut d'élever sur cet emplacement une nouvelle chapelle plus spacieuse et plus digne de cette somptueuse demeure que l'antique oratoire dédié à saint Jean, dont les traces sont encore visibles dans les sous-sols. La nouvelle chapelle Saint-Jean fut érigée au centre de cette aile, s'appuyant au rempart qui séparait le château des défenses accumulées du côté du col, à Serravalle.

La dédicace en eut lieu en 1656.

On connaît l'inscription qui est placée au-dessus de la porte d'entrée de la chapelle. Nous la reproduisons ici pour rapporter dans cet article l'ensemble des monuments épigraphiques auxquels les constructions opérées par ordre d'Honoré II donnèrent lieu :

H. II

ANTIQVISSIMO DIVI JOANNIS BAPTISTÆ

CLAVSO SACELLO

QVOD DIGNITATI SANCTORVM OMNIVM MAXIMI

TANTÆQVE PALATII MAGNITVDINI

MINIME CORRESPONDENT

NOVAM HANC AMPLIOREM CONSPICVAM,

SACRAMQVE MOLEM

PIA LIBERALITATE A FVNDAMENTIS EREXIT

EIDEMQVE CHRISTI PRÆCVRSORI

PRIMARIO MONŒCŒORVM PRINCIPVM PROTECTORI

VERÆ RELIGIONIS AFFECTV DEDICAVIT

ANNO SALVTIS MDCLVI.

Du reste, les embellissements du Palais n'étaient pas le seul objet des préoccupations du Prince ; la ville de Monaco participa pour une grande part à un mouvement qui rajeunit l'antique cité des Grimaldi.

En 1652, un hôtel des monnaies s'élevait rue des Briques.

En 1654, ce fut le tour de la fonderie de canons qui fut installée au-dessous du jardin appelé *le Désert*. Les travaux par lesquels fut inauguré cet établissement furent la fonte de

deux pièces de 24, le *Mouton* et le *Moine*
ou *Monœcus*. Ces deux pièces étaient en
bronze ainsi qu'une couleuvrine de 30, longue
de neuf pieds quatre pouces, qui fut coulée peu
après (1).

Le soin du développement militaire de la
place préoccupait, on le voit, tout spécialement
le Prince. La station permanente d'une escadre
française concédée au Prince par les négociations du traité de Péronne, démontrait l'importance stratégique que Monaco était appelé à
prendre sur la rivière de Gênes. Il yavait donc
lieu de créer des établissements maritimes en
rapport avec ce nouvel état. C'est ce qui donna
lieu à un remarquable projet de darse qu'Honoré II fit sérieusement étudier. Ce projet,
écartant l'idée chimérique de fermer le port
par une jetée, idée impraticable par suite des
grandes profondeurs de l'entrée, creusait au
contraire la Condamine dans toute sa pro-
fondeur, et, afin de permettre l'accès facile

____

(1). L'inventaire de l'arsenal a été conservé : il con-
tenait à cette époque 24 canons en fonte de tous calibres,
40 en fer, 22 arquebuses à crocs de fer, 198,000 boulets
de tous calibres, 1,116 boulets à auges, 455 boulets à
chaîne, 3 mortiers de fonte, 4 pierriers de fonte, 4 de
fer, et une belle salle d'armes garnie de fusils ; en outre,
les magasins étaient tenus toujours remplis.

par tous les vents, faisait déboucher un large
canal dans l'anse du Canton, à travers l'isthme,
au pied de Serravalle. Les événements ne per-
mirent pas de donner suite à ce projet gran-
diose, dont les plans ont été conservés.

Signalons enfin la construction de l'Hôtel de
Ville, tout près de l'église de Saint Nicolas et
à l'angle formé par les rues qui aboutissaient au
côté sud-ouest des remparts.

Cet édifice fut élevé en 1658 par ordre et aux
frais d'Honoré II. Les constructions furent terminées et inaugurées en 1660, peu de temps
après le mariage du petit-fils du Prince avec
Charlotte de Gramont.

Ce bâtiment, extrêmement simple, mais auquel un double escalier extérieur donne un
caractère monumental, est maintenant affecté au
Tribunal Supérieur et, dans sa partie basse, à la
maison d'arrêt.

Sur un des côtés de la façade, la municipalité,
afin de manifester sa reconnaissance, fit placer
le buste du fondateur au-dessous duquel se
trouve gravée cette longue inscription qui rap-
pelle à la fois le mariage du Prince Louis, celui
de Louis XIV et la paix des Pyrénées nouvellement conclue :

H. II.

PRINCIPI OPTIMO,

PATRI CLEMENTISSIMO

PVBLICIS CONFECTIS ÆDIBVS

POPVLVS MONŒCŒVS

OB ÆTERNÆ FIDELITATIS MONVMENTVM

POSVIT

ANNO DIVINÆ PROVIDENTIÆ

PACIS

AD TOTIVS XPNI ORBIS FORTVNAM PACATÆ

AVGVSTISSIMI CONJVGII

LVDOVICI XIV DEODATI REGIS XPMI

ET FELICISSIMI NEXVS

INTER LVDOVICVM, PRINCIPATVS HÆREDEM

VALENTINVM DVCEM, FRANCIÆ PAREM

ET CARLOTAM CATHERINAM DE GRAMONT

M DC LX

ET CONSVLATVS BERNARDINI TIBERTI

LVDOVICI SIGALDI, PETRI JOANNIS PORTÆ

ET JOANNIS TERRAZZANI — ANNO IV

IV

Après avoir rapporté les divers incidents qui se passèrent dans le Palais de Monaco sous le règne d'Honoré II. au moyen des renseignements que nous ont fournis les archives de ce Palais, il nous est possible de reconstituer par la pensée l'état dans lequel Honoré II trouva sa demeure, et celui dans lequel il la laissa à son petit-fils.

Une précieuse peinture, antérieure aux travaux du règne et qu'une récente et judicieuse acquisition a rendue au Palais d'où elle avait disparu à la Révolution, donne la vue du Palais, de ses défenses et de celles de la ville vers 1620. Cette peinture, exécutée sur bois, est assez nette pour permettre de distinguer les principaux détails de la forteresse ; elle avait été donnée à Honoré II par son oncle et tuteur le prince de Valdetare, ainsi que le constate l'inscription suivante placée derrière le cadre :

H. II.

DATA

EXCEL. PRIPIS VALLISTARI AVVNCVLI

MVNERE.

Au premier plan, la Condamine, entourée de murs, occupe le fond du port. Au-delà, à l'angle sous les murs de la place et en face du mouillage, s'élève une construction sur le port même, d'où part un chemin qui rejoint la montée du Palais. Cette montée est couverte dans tout son développement par un mur et flanqué de deux tours carrées se succédant à mi-hauteur.

La place actuelle de la batterie, à la Major, est occupée par une grosse tour qui fait face à celle surmontée du drapeau fuselé, dans laquelle s'ouvre la seule porte du Palais existant alors, celle qui se trouve à l'angle, du côté de la cour actuelle dite *des Ecuries*.

Détail remarquable, du côté de la place à laquelle aboutissent les quatre rues de la ville, le palais est isolé par un grand mur avec lice intérieure. On voit distinctement, du côté de la promenade Sainte-Barbe, l'aile perpendiculaire qui surplombe le rocher au sud-ouest, là, où se passa le terrible drame de l'assassinat de Lucien. A l'autre bout de la grande aile de ce côté, un bâtiment occupe vers Serravalle l'emplacement où s'élèveront bientôt les Bains. Les détails peu distincts de l'intérieur de la cour ne portent pas la trace de la galerie dite plus tard *d'Hercule*.

Enfin, le terrain de Serravalle est représenté vide et enfermé déjà par le système extérieur de bastions et courtines avec chemin de ronde, tel qu'il existe encore de ce côté.

Honoré II trouva, du reste, des commencements d'embellissement entrepris par ses prédécesseurs. Si l'on s'en rapporte aux indications que nous ont laissées les relations des événements accomplis dans ces murs, il paraît bien qu'au commencement du seizième siècle, la forteresse affectait la forme d'un quadrilatère dont les grosses tours, construites au treizième siècle, fixaient le périmètre. Ces tours étaient alors rejointes les unes aux autres par des constructions voûtées, élevées seulement d'un rez-de-chaussée, la partie supérieure formant terrasse crenelée.

Peu à peu on éleva sur ces terrasses des bâtiments légèrement construits, réservés au logement des défenseurs ou des serviteurs du Palais.

Tout porte à croire que primitivement le logis personnel des Princes fut circonscrit dans l'angle sud-est de la forteresse, et principalement dans l'aile qui, se détachant le long de la promenade Sainte-Barbe, aboutissait à l'aplomb du rocher. C'est là qu'habitait Lucien, là qu'il fut assassiné, là que pendant de longues années la salle, théâtre du meurtre, resta murée.

On doit attribuer à Augustin Grimaldi une partie des constructions destinées à rendre logeables les quatre ailes qui formèrent la cour d'honneur, principalement le côté qui regarde l'anse du Canton. Le gros œuvre de la salle Grimaldi doit en effet remonter à cette époque.

La construction de la grande citerne par Etienne Grimaldi, en surélevant de sept ou huit pieds le sol de la cour d'honneur, dut provoquer les premiers remaniements des bâtiments sur cette cour, remaniements qui donnèrent probablement la première idée d'une décoration architectonique.

La partie qui dut se trouver le plus sérieusement atteinte par le changement de niveau fut l'entrée située dans la grosse tour nord-est du côté de la Major; le passage sous cette tour se trouva fortement incliné, et le raccordement a nécessairement amené de nombreuses modifications à cette entrée.

Lorsqu'on entreprit, sur tout le développement de l'aile du nord la construction de logis au-dessus des salles basses voûtées, on s'efforça de donner à la façade qui s'élevait ainsi sur ce

côté de la cour un aspect un peu monumental.
Aussi, afin de masquer la nudité du mur et
l'irrégularité des ouvertures pratiquées pour
éclairer les salles, Honoré Ier fit élever, en avant
de l'ancienne construction, une galerie à arcades
en anses de panier très surbaissées.

En construisant le mur de l'étage supérieur
d'aplomb au-dessus de ces arcades, on obtint,
en utilisant la largeur entière des anciennes
terrasses, des logements plus vastes. C'est sur
la surface de ce nouveau mur que Cambiaso
vint peindre sa fresque.

Les logements ainsi construits se rejoignaient
à ceux de l'aile en retour au fond de la cour
d'honneur pour constituer ce que la relation du
voyage de l'Archiduc, en 1624, désigne sous le
nom de *vieux quartier*.

Le même surélèvement avait été successivement fait sur les quatre faces de la cour; mais
une seule de ces faces portait une décoration
architecturale à l'avènement d'Honoré II, celle
sur laquelle se développait la fresque de Cambiaso.

Le but poursuivi par Honoré II fut de donner
à l'ensemble de ces constructions sans ordre
une apparence plus régulière et plus monumentale, et en même temps d'assurer la facilité des

services intérieurs que le peu d'épaisseur des logis devait rendre fort incommode.

Il y pourvut d'abord en doublant le corps de logis sur la place de toute la largeur de la lice intérieure et en faisant du mur de séparation élevé de ce côté, une façade percée de fenêtres. Il augmenta encore la largeur par l'adjonction d'une galerie à arcades en *loggia*, élevée sur un rez-de-chaussée à fenêtres carrées et un premier étage; cette *loggia*, de onze travées, se développait à peu près au centre des constructions sur la place et faisait saillie sur le reste de la façade obtenue par les bâtiments élevés sur la lice (1).

(1) On peut, en examinant la façade actuelle du Palais, se rendre compte des additions successives ainsi apportées au corps de logis primitif dans son épaisseur du côté de la place. On retrouvera, à différentes hauteurs, les murs de ces différentes constructions restées visibles par les retraits que les étages forment les uns derrière les autres, surtout à l'angle du côté de la Major. — Des onze arcades de la *loggia*, six, situées au dessus de la porte principale, ont été remaniées pour transformer une partie de cette *loggia* en salles fermées. On a alors complétement changé le style primitif en réduisant les baies des arcades en fenêtres; l'état actuel est tout récent; mais les premiers remaniements s'étaient faits de très bonne heure, comme on en peut juger d'après un tableau conservé au Palais, représentant à vol d'oiseau le Palais en 1731 et aussi d'après un dessin de la fin du xvii° siècle.

Ces remaniements, en mettant le Palais en contact immédiat avec la place, amenèrent la construction du grand guichet ouvert à peu près au centre de la nouvelle façade. On y éleva la porte monumentale qui sert maintenant de grande porte au Palais. La chronique dont nous avons suivi les indications, fixe à l'année 1632 l'ouverture de cette porte ; mais il est bon de rappeler que cette date est celle de l'achèvement complet des travaux entrepris de ce côté.

Ce système de galeries fut également pratiqué au premier étage tout le long de l'aile du nord, en retour, en avant de la grosse tour servant d'antique porte à la forteresse, en sorte que cette tour et toutes les autres de ce côté, comme du côté de la place, se trouvèrent noyées dans les constructions de ces galeries. Lorsqu'on se trouve sous la voûte de cette grande porte, on se rend très facilement compte de l'élargissement ainsi obtenu (1).

Mais c'est surtout sur la face intérieure de l'aile où se trouve la salle Grimaldi, qu'Ho-

____

(1) Les galeries sur l'aile du nord sont postérieures à 1632, car l'inscription indiquant les restaurations accomplies à cette époque, et relatée la première par Le Laboureur, est restée sur le linteau de l'ancienne porte, sous la voûte formée par l'épaisseur de la galerie.

noré II porta tout le luxe de la décoration de son Palais renouvelé. L'importance des travaux qui bouleversèrent cette aile et la transformèrent entièrement, lui faisait, dès 1630, attribuer la qualification de *nouveau quartier*, ainsi qu'on l'a vu par la relation du voyage de l'Archiduc.

En avant du mur du bâtiment, on éleva un portique à deux étages de douze arcades, en arcs de cercle, largement ouvertes, la galerie supérieure se trouvant de plain-pied avec les grands appartements. On accédait à cette galerie, voûtée en arêtes, comme toutes celles du Palais, par un grand escalier dont on a vu Le Laboureur vanter la belle ordonnance et qui, selon toute apparence, devait être un escalier droit comme ceux de quelques palais de Gênes. Cet escalier n'existe plus : il fut remplacé, sous le règne de Louis Ier, par le beau *fer à cheval* dont le petit-fils d'Honoré II avait trouvé le modèle à Fontainebleau.

On se convainct, en lisant la relation de Le Laboureur, que la décoration de la grande galerie n'était pas encore achevée, et que les voûtes et les tympans n'avaient pas encore reçu les fresques représentant les douze travaux d'Hercule récemment restaurés. Le Laboureur ne parle pas de peintures sous cette galerie, qu'il décrit cependant avec détails. Il n'eût pas manqué d'en parler si elles avaient existé de son temps. Il s'ensuit que si ces fresques sont bien, ainsi que le veut la tradition, de l'un des Carlone, elles sont l'œuvre du second, le plus habile du reste, Jean-Baptiste Carlone ; l'aîné, Jean étant mort en 1630.

Une autre construction, dont au contraire Le Laboureur parle avec admiration, c'est le bâtiment des Bains, élevé au bout du parterre du côté de Serravalle, sur la mer, en retour d'équerre sur le même corps de logis, auquel était adossée la galerie, dont nous venons de parler. Ce bel édifice, œuvre tout à fait originale, ne présentait qu'un rez-de-chaussée orné de portiques et arcades de même style que la galerie de la cour d'honneur. A la hauteur du premier étage et au niveau des appartements, il était couvert par une terrasse à balustrade, avec une partie ouverte, au centre, pour l'éclairage des salles inférieures (1).

(1). Le tableau qui reproduit la vue du Palais à vol d'oiseau en 1731 donne une élévation très intéressante de ce bâtiment. Il montre également que le mur de face du corps de logis sur le parterre, contenant les grands appartements avait été laissé sans aucune décoration, avec ses baies ouvertes sans ordre. La grande restauration entreprise par les soins du Prince Florestan a heureusement régularisé l'aspect de cette façade.

Le parterre compris entre le bâtiment des Bains et l'aile de Lucien, le long de la promenade Sainte-Barbe, était décoré, ainsi que l'a décrit Le Laboureur, par deux fontaines, dont l'une à eaux jaillissantes, surmontée d'une statue colossale d'Hercule.

Ces derniers travaux, avec ceux de la chapelle Saint-Jean terminent la série des améliorations par lesquelles Honoré II transforma en quarante années l'antique demeure de ses ancêtres. Ses successeurs ajoutèrent peu à ces embellissements, dont le malheur des temps et les démolitions, forcément entreprises à la suite des détériorations causées par les dévastations révolutionnaires, ont fait disparaître une partie, et peut-être la partie la plus curieuse.